D1146394

QUESTIONS INTERDITES
SUR LE QUÉBEC CONTEMPORAIN

Jacques Grand'Maison

QUESTIONS INTERDITES SUR LE QUÉBEC CONTEMPORAIN

Petit manifeste d'un réac progressiste-conservateur anti-postmoderniste

FIDES

Données de catalogage avant publication (Canada)

Grand'Maison, Jacques, 1931-

Questions interdites sur le Québec contemporain : petit manifeste d'un réac progressiste-conservateur anti-moderniste

ISBN 2-7621-2511-1

1. Changement social – Québec (Province).
2. Québec (Province) – Histoire – 1960- .
3. Pluralisme – Québec (Province).
4. Modernité – Québec (Province).
5. Conservatisme – Québec (Province). I. Titre.

HN110.Q8G677 2003   303.4'09714   C2003-940107-3

Dépôt légal: 1ᵉʳ trimestre 2003
Bibliothèque nationale du Québec

Les Éditions Fides remercient de leur soutien financier le ministère du Patrimoine canadien, le Conseil des Arts du Canada et la Société de développement des entreprises culturelles du Québec (SODEC).

IMPRIMÉ AU CANADA

AVANT-PROPOS

Les références droite-gauche refont surface. Elles ont toujours leur pertinence. Mais il faut bien reconnaître qu'elles sont souvent emmêlées ici au Québec. Si j'en juge par les sondages qui tiennent lieu chez nous de politique, la majorité des Québécois seraient des progressistes-conservateurs. Pourquoi pas ? me dis-je. Il y a des choses qui méritent d'être conservées et d'autres qui appellent des changements importants.

Mais voilà qu'apparaît une nouvelle mode politique lancée d'abord par nos cousins français parisiens. À vrai dire, elle n'est pas si neuve qu'on le prétend. Mais on sait lui donner un bel accent postmoderne. Il s'agit des réacs. Ce n'est pas d'aujourd'hui que l'on traite les autres de réactionnaires. J'en sais quelque chose comme curé. Même avant d'ouvrir la bouche, j'ai déjà cette appellation contrôlée, ou plutôt cette désaccréditation. On sait d'avance ce que je vais dire. J'étais, je suis et je serai toujours un réac. On sait que le sens critique est la marque principale d'un esprit progressiste. Mais un réac critique, lui, est doublement réactionnaire, droitiste et conservateur.

Pourtant, les spécialistes de la postmodernité nous disent qu'on fait aujourd'hui d'heureux mélanges d'ancien et de nouveau. Des recompositions inédites, comme disent des sociologues. Hier on préférait les « ruptures innovatrices ». Plus elles étaient cassantes, plus elles étaient prometteuses. La formidable dynamique du chaos, quoi! Alors que tout ordre signifiait oppression, répression, aliénation, exploitation. Ce n'était pas uniquement le fait des grands pouvoirs méchants, mais aussi de toutes les sociétés traditionnelles.

Ainsi du jour au lendemain, en un tour de main, nous cessions d'être des Canadiens français, et devenions des Québécois. Une toute nouvelle identité dans un Québec indépendant, laïque et socialiste. Même la Révolution tranquille relevait d'un vilain réformisme mystificateur. J'entends même aujourd'hui des acteurs de la Révolution tranquille qui se convertissent à cette création *ex nihilo* comme le véritable acte fondateur de notre avenir assuré. Des réacs convertis. « Mais maudit que les Québécois ne comprennent rien! Ils sont en train de virer à droite. »

Bien sûr, il y a de quoi s'étonner de voir pareille dérive dans notre société postmoderne la plus avancée au monde, avec les législations les plus libertaires.

Les pires réacs sont ceux qui veulent les deux, qui « moyennent ».

Des optimistes y voient plutôt une ruse on ne peut plus intelligente. « On s'en est tiré d'une façon pas trop pire jusqu'ici avec cette ruse. » Nous avons su moduler nos diverses identités française, anglaise, américaine. Une sacrée bonne mixture. On les débat entre elles, c'est un signe de notre maturité démocratique.

Mais la question brûlante refait surface : qu'est-ce qui se passe vraiment chez les Québécois francophones dits de souche, dans le pays réel d'aujourd'hui ? Les Québécois ne veulent plus entendre parler de constitution. Ils veulent simplement que l'hôpital et l'école fonctionnent mieux, qu'il n'y ait plus de chômage, que de bons régimes de pension soient accessibles à tous, qu'on puisse prendre sa retraite le plus tôt possible. C'est-à-dire décrocher de la société « au plus sacrant ».

« On est des millions à en avoir ras-le-bol. » D'où vient donc ce sentiment permanent de vivre dans une société bloquée, jouxté à cet autre sentiment d'appartenir à une société très avant-gardiste, ouverte à tout et à tous, qui a réussi, en quelques décennies, à rattraper les pays les plus prospères ? Ces deux sentiments semblent si forts, si « heurtants » qu'ils nous empêchent de prendre une distance sur leur actualité fumante, mordante. C'est à partir de l'un ou l'autre qu'on se traite mutuellement de réac. Qui au nom de la logique privée tous azimuts pour se sortir de l'impasse d'un tel écartèlement, qui au nom de la logique publique de nos acquis merveilleux et progressistes. La question la moins élucidée me semble être celle des filiations historiques de ces écartèlements.

Voilà ce que je tente d'explorer dans ce court manifeste. Je me suis identifié comme un réac, pour deux raisons : précéder ceux qui vont me coiffer de cet oripeau ; et anticiper le réflexe fort répandu de considérer comme réactionnaire tout recours à l'histoire pour éclairer le présent. Quant à l'étiquette progressiste-conservateur, je la légitime avec la conviction que je ressemble au Québécois moyen ! Anti-postmoderniste, parce que j'en ai par-dessus le train de toutes ces modes snobinardes : post-ci, post-cela. Postindustriel, postmoderne, postchrétien, post-humain. Qu'y a-t-il donc après tous ces post ? C'est aussi ridicule qu'aberrant.

Deux lames de fond
de l'histoire récente du Québec

La problématique proposée

Dans ce court essai, je propose une analyse de deux lames de fond qui ont été trop souvent dissociées dans les lectures historiques de ce qui s'est passé au Québec depuis la dernière guerre mondiale. Dans un premier temps, j'aborde le versant critique, celui des conséquences négatives du type de rupture historique que nous avons vécu au moment du passage de la société dite traditionnelle au Québec dit moderne. Je pense que la confusion actuelle de nos débats, le syndrome de nos indécisions politiques, l'éclatement de nos institutions de base et l'anomie des consciences ont beaucoup à voir avec le type de rupture historique que j'ai évoqué plus haut et qu'on a reproduit, répété plus ou moins aveuglément au cours des décennies qui ont suivi, et cela en plusieurs domaines.

Dans un deuxième temps, je fais état du meilleur de notre modernisation, de son premier pacte social qui a débouché sur une solidarité de société et une démocratisation de l'accès à des dynamiques importantes d'inscription dans la modernité. Telle la réforme de l'éducation. Telle notre formidable créativité culturelle dans les arts et les lettres. Telle la mise en œuvre de nouvelles institutions publiques sociales et économiques. Telle la remarquable dynamique nouvelle des femmes d'ici. Je dégage aussi un bilan positif de plusieurs nouveaux atouts précieux pour faire face à notre nouveau contexte historique et à ses requêtes de choix collectifs avec leur portée à long terme.

Ces deux lames de fond n'ont cessé d'être en tension et en projection sur une ligne de crête où l'on est toujours au bord de régressions et de progressions difficiles à assumer, parce que ces extrêmes nous font perdre pied et nous empêchent trop souvent d'être en prise sur le pays réel et ses limites. Sans compter la fragilité de notre situation très minoritaire sur le continent. Mais il n'y a pas que cela. Comment ne pas reconnaître aussi l'étonnante résilience historique de notre singularité identitaire? Résilience que l'idéologie du refus global et de la création *ex nihilo* a souterrainement minée dans notre histoire récente.

À ce chapitre, il y a des questions de fond qu'on refoule ou qu'on ne veut pas aborder. Par exemple, *se pourrait-il que nous ne nous soyons jamais remis du traumatisme collectif d'une rupture aussi radicale et rapide que celle que nous avons vécue il y a cinquante ans?*

À chaque fois que j'ai soulevé cette question en public, ce fut une fin de non-recevoir immédiate, un refus global sans examen possible. Bien sûr, il y a eu une indéniable libération de carcans que l'on connaît et reconnaît tous, suivie de l'admirable créativité des réformes de la Révolution tranquille. Mais comment expliquer qu'aussi rapidement on ait remis les compteurs à zéro à la fin des années 1960, et si souvent par la suite jusqu'à aujourd'hui? *D'où vient donc ce fond nihiliste qui nous donne le sentiment permanent de vivre dans une société bloquée?*

À tort ou à raison, j'y vois une filiation historique avec le type de rupture que je viens de souligner. Même les acteurs les plus constructifs de la Révolution tranquille étaient marqués par l'idéologie souterraine de la table rase et de la création *ex nihilo*. J'étais de ceux-là, que ce soit au plan politique ou au plan religieux. Je n'ai pas su discerner le traumatisme souterrain de bien des gens d'ici, de mon peuple et de ma société. Les nouvelles idéologies du temps nous ont aveuglés. Diable que nous avons la mémoire courte sur les discours, les débats et les luttes de cette époque! On ne me fera pas accroire que les nouvelles remises en cause à la fin des années 1960 et au début des années 1970, et aussi celle des lendemains de la première défaite référendaire et celle du tournant actuel, n'ont rien à voir avec le refus global de 1950 et le discrédit total de notre histoire passée. Je sais le piège des causalités simplistes, mais je ne demeure pas moins persuadé que l'histoire, tout autant que le naturel, revient au galop quand elle est refoulée, oubliée, rejetée ou non décantée. Par exemple, on répète alors les mêmes erreurs, les yeux fermés, comme le disait si bien Hegel.

Mais on voudrait bien donner au réel une logique que souvent il n'a pas. Car il y a aussi un autre versant. Derrière ce qui se défait, souvent surgissent de nouvelles pousses. On tient encore à la solidarité de société qui a présidé à notre modernité. Il y a eu sept progressions aussi sous-estimées que l'est le traumatisme collectif précité. De ces atouts positifs il sera aussi question.

Voilà la problématique que je veux explorer.

En bref
Les questions que soulève ce manifeste

— Comment peut-on se réclamer d'une identité historique et la réduire en même temps à une Grande Noirceur, suivie d'une exaltation de nous-mêmes comme société la plus progressiste?

— Ce grand écart a-t-il quelque chose à voir avec nos alternances collectives et psychiques entre la déprime et la mythification d'idéologies comme celle d'un Québec indépendant, laïque et socialiste? Comme nos mythes messianiques de jadis...

— Qu'est-ce qui mine nos progrès, nos réformes, nos nouvelles institutions? N'a-t-on pas répété le même scénario de la table rase, de l'effacement des traces du chemin parcouru, avec l'utopie de changements radicaux contredits par un conservatisme corporatiste tout terrain et les limites du pays réel?

— À titre d'hypothèse, se pourrait-il que nos rapports à notre propre religion historique soient un « révélateur » important et concret de nos rapports au temps, à l'histoire, à nos institutions, à la politique et à l'État?

— Se peut-il que l'avenir s'estompe quand la mémoire s'affaisse? Tour à tour nous sommes passés du tout religieux au tout politique, puis au tout culturel, et récemment, au tout économique. Que peut-on anticiper?

— Au meilleur de notre modernité, n'y a-t-il pas eu, lors de la Révolution tranquille, une expérience positive de *solidarité de société*? Les changements qu'on souhaite aujourd'hui améliorent-ils ou infirment-ils cette visée fondatrice?

— D'où vient donc ledit «ras-le-bol» des Québécois contemporains? Uniquement de blocages comme celui du système de santé? Des inégalités croissantes? Se pourrait-il que plus profondément la récurrente mise à zéro des compteurs en tant de domaines à la fois ait fini par user notre tonus moral? Pensons, par exemple, à la bonne dizaine de nos utopies récentes en éducation. Et encore plus profondément, n'y aurait-il pas lieu de mieux évaluer le traumatisme qu'a pu provoquer dans les consciences la rupture abrupte, rapide et globale de notre identité historique d'hier et l'auto-enfantement (sans filiation) de notre dite post-modernité la plus avancée au monde? Avec cette étonnante contradiction de vouloir décrocher de la société le plus jeune possible!

Voilà autant de questions interreliées, quasi interdites dans nos débats publics.

Ce manifeste propose aussi un bilan positif de nos progrès qui ont une portée à long terme, avec cette conviction qu'on ne peut faire du neuf durable si on efface les traces des chemins parcourus.

I

La nouvelle noirceur

Avec une certaine distance, on admet mieux aujourd'hui que la Révolution tranquille, non pas la mythique mais la réformiste, a été tributaire d'une évolution historique trop méconnue. La filiation religieuse chrétienne, par exemple, en témoigne. Combien d'acteurs sociaux des années 1940 et 1950, tout en se démarquant des pouvoirs cléricaux religieux et civils, se sont inspirés d'une foi et d'une éthique chrétiennes ressourcées et renouvelées. Ils ont été par la suite des artisans importants dans les réformes des années 1960.

La revue *Société*, dans son numéro thématique «Le chaînon manquant» (1999), et plus récemment Martin Meunier et Jean-Philippe Warren (2002) ont fait état de cette filiation historique, tout en soulignant la nouvelle philosophie personnaliste et communautaire d'inspiration chrétienne de plusieurs acteurs de cette époque. Je pense que ce dernier trait marquant est réductionniste, même si je reconnais sa part de vérité. Bien au-delà de la mise en cause de la chrétienté cléricale, et au-delà de cette nouvelle «idéologie chrétienne», ou encore de ce qu'on a appelé «l'idéologie de rattrapage de la modernité», la visée en était une de société autre dont le nouveau pacte social d'après-guerre avait esquissé ce qui allait devenir, lors de la Révolution tranquille, un véritable projet de *solidarité de société* avec sa visée démocratique universelle d'accès de tous à l'éducation, à la santé, à des conditions de vie décente. Déjà la social-démocratie, sans le nom, était en route. Et aussi le néo-nationalisme pré-symbolisé par l'horizon politique d'être «maîtres chez nous». On était conscient de l'importance de se donner un véritable État moderne. Les débats autour d'un véritable ministère de l'Éducation ont précédé le Rapport Parent, comme le nouveau mouvement laïque, d'ailleurs. Notre reprise en main collective de l'économie était aussi un objectif. Hydro-Québec en était une figure anticipatrice.

Comment alors réduire cet ample projet de société à une idéologie personnaliste communautaire! Ou encore à une simple rupture de la chrétienté cléricale. La visée de cette société autre, telle qu'elle a été vécue, était accompagnée du sentiment qu'il fallait faire table rase avec une radicale discontinuité historique. Cet état d'esprit a fini par gagner plusieurs acteurs chrétiens qui ont rejoint par la suite les tenants laïques de la table rase et du refus global du passé. Dès la fin des années 1960, l'héritage historique faisait l'objet d'un discrédit total. J'ai participé aux débats de l'époque et je me souviens du silence massif des chrétiens eux-mêmes devant ce rejet de leur propre héritage religieux historique.

Mais ce que je retiens le plus, c'est un autre silence, un autre trou noir beaucoup plus large et profond, un drame souterrain rarement évoqué, à savoir ceci : *on ne peut faire une rupture historique aussi radicale et jouer à ce point l'utopie de la table rase sans un profond traumatisme non seulement collectif, mais aussi jusqu'au fond des consciences. La psychanalyse pourtant nous alerte sur ce genre de démarche de refus péremptoire de tout son propre passé et ce retour aveugle et sauvage du refoulé avec ses effets pervers souvent dévastateurs. L'indécision politique des Québécois, l'alternance maniaco-dépressive entre la déprime sur eux-mêmes et leur exaltation du genre : « nous sommes la société postmoderne la plus avancée de la planète » ne sont que la pointe de l'iceberg de ce traumatisme souterrain méconnu ou bien nié.*

À ce chapitre, la rupture religieuse que j'ai évoquée plus haut est un « révélateur », un marqueur de ce traumatisme historique, culturel et politique dont beaucoup de Québécois ne se sont pas remis. Le fait qu'on ait rayé l'enseignement de l'histoire dans nos écoles publiques pendant un bon moment est un autre effet pervers du refus global avec son illusoire utopie de la création *ex nihilo*. Ce qu'aucune autre société n'a fait.

Souvenons-nous du slogan : « Personne ne transmet rien à personne. » Rares sont les ouvrages qui ont fait un examen sérieux de ce qui s'est passé réellement en matière de transmission intergénérationnelle depuis trente ans. Pensons aux récentes mises massives à la retraite anticipée sans politiques ou stratégies de transmission aux générations qui nous suivent.

En combien d'autres domaines n'a-t-on pas mis les compteurs à zéro, d'une réforme régionale à l'autre, d'une réforme scolaire à l'autre ? *En quelques décennies on est passé du tout religieux au tout politique, puis au tout culturel et enfin au tout économique.* Le sénateur Castonguay disait récemment qu'on devrait pouvoir faire des choix en matière de santé comme on fait le choix d'une automobile qui nous convient. C'est le père de l'assurance-maladie qui nous sert pareil propos qui défie l'abc de l'éthique sociale et d'une philosophie politique démocratique. Et ce qu'il y a de plus inquiétant, c'est qu'une majorité de Québécois semblent en être là eux aussi. Au grand dam de la nouvelle solidarité de société qui a présidé à notre modernisation démocratique. J'y reviendrai dans le deuxième volet de cet essai.

J'entendais récemment un jeune intellectuel dire que Fernand Dumont, un de nos plus grands penseurs du Québec, est «complètement dépassé». Tout au plus lui reconnaissait-il quelques bonnes questions. Un signe parmi cent de l'idéologie du «changement» conçue en termes de pure rupture innovatrice. Allez donc dire que J. S. Bach est complètement dépassé. Le *ground zero* quoi! C'est ainsi qu'on finit par perdre de vue l'histoire de ce petit peuple francophone qui a maintenu depuis plus de trois siècles sa singularité culturelle identitaire au milieu d'un vaste continent anglophone. Entre cette conscience historique et la démission actuelle, que s'est-il passé pour en arriver à pareille dérive? Plusieurs se posent la question. Mais combien s'interrogent sur la portée mortifère du refus global d'hier et de l'utopique création *ex nihilo* d'un Québec moderne qui a balayé d'un revers de la main toute référence au Canada français historique, culturel et religieux.

Quand on fait une impasse aussi totale sur la moindre filiation historique, on se plonge dans une crise identitaire même si on prétend le contraire. Je le redis : combien d'acteurs de la Révolution tranquille, chrétiens ou d'idéologie laïque, ont été par la suite semblables aux soixante-huitards qui les contestaient. Partis en quête d'une société nouvelle, plusieurs «parvenus» de la Révolution tranquille se sont investis dans une poursuite sans fin de leur *moi* identitaire. D'où une société thérapeutique comme jamais on n'en a vue. D'où un idéal de retraite prise de plus en plus tôt et conçue comme un décrochage de la société, garant de bonheur. Comment alors convaincre les décrocheurs scolaires et les jeunes suicidaires de ne pas lâcher ?

On ne me fera pas accroire qu'il n'y a aucun lien entre notre grande rupture historique et tous ces décrochages que je viens d'évoquer, entre le rejet global de notre histoire passée et de notre propre héritage religieux, d'une part, et d'autre part, nos façons de miner notre mini État, de discréditer la politique, d'utiliser pour ses intérêts individuels immédiats nos ressources et institutions publiques. Sans compter les dérives pop-psychologiques du culte du nombril et d'un «religieux» crédule, éclaté, sans véritable ancrage dans une tradition éprouvée. Sans compter aussi un univers médiatique de plus en plus narcissique et son jeu de miroirs entre les vedettes qui le monopolisent. Et ces sondages à répétition qui tiennent lieu de politique en s'appuyant sur l'opinion du moment, formulée en quelques secondes. Dans cette société «passoire», on en vient même à soutenir que n'importe quel mode de parentalité peut saine-ment permettre à ses enfants de construire leur iden-tité psychique, sexuelle, personnelle et sociale. Ce qui contredit les acquis psychologiques les plus élémen-taires sur les processus de différenciation incontour-nables qu'appellent les repères de rôles, de sexes et de générations. On a même inscrit cette indifférencia-tion dans une législation présentée comme la plus ouverte et progressiste du monde et on l'a votée à l'unanimité. À ma connaissance, il n'y a pas eu de réactions publiques de psychologues, de psychiatres, de travailleurs sociaux, comme s'il n'y avait plus matière à débat. Décidément, on est en train de faire dire n'importe quoi à la charte des droits, juges en tête et parlements «suiveux». La république des satisfaits, quoi! Diogène a éteint son fanal. Dans la nuit tous les chats sont gris. Tout est égal. Il y a bien des façons de se plonger dans la Grande Noirceur, à gauche comme à droite, au présent comme au passé. Ces néo-conformismes n'ont rien à envier à ceux d'hier. Et l'on se plaint de la perte de repères chez les jeunes. Quelle contradiction inconsciente!

Les catégories droite-gauche, privé et public restent bien abstraites par rapport aux comportements ambivalents ou contradictoires d'une majorité de citoyens qui sont plutôt progressistes-conservateurs, à la fois fédéralistes et nationalistes, individualistes et socialistes, étatistes et contre l'État, pour moins de taxes et plus de services, et quoi encore du même cru. Comment donc faire des choix collectifs sensés avec cet écheveau inextricable de comportements contradictoires que des esprits fins-fins trouvent très intelligents et rusés, alors que nous sommes dans une société de plus en plus «incertaine».

Dans une enquête récente sur les orientations sociales, culturelles, morales et spirituelles des Québécois, une des remarques les plus fréquentes de gens de tous milieux sociaux et de tous âges était celle-ci: «On ne comprend plus ce qui se passe, on se sent impuissant.» D'où vient donc cette confusion mentale et sociale? N'a-t-elle pas quelque chose à voir avec le traumatisme que j'ai évoqué plus haut en relation avec nos assises identitaires historiques, culturelles et religieuses? Comment bien intégrer ou simplement bien accueillir les autres communautés culturelles et religieuses si nous sommes nous-mêmes toujours aussi confus historiquement, politiquement, culturellement et religieusement. Encore ici l'aire religieuse est révélatrice. C'est dans l'indifférence générale que se ferment nos Églises et que même l'enseignement culturel des patrimoines religieux historiques est réduit à presque zéro dans les nouvelles politiques du ministère de l'Éducation. En combien d'autres domaines la passivité et l'indifférence prennent-elles le pas sur tout le reste? On ne réagit que lorsque ses intérêts immédiats sont menacés.

J'entends ici déjà de vives protestations, du genre: «Vous êtes trop pessimiste.» Toujours le même refus global d'examiner sérieusement ce qui mine nos meilleures réformes, ce qui nous a amenés à tous les décrochages actuels de la société, à ce repli sur soi et à cette confusion de tant de consciences.

Bien sûr, nous ne sommes pas au point zéro. Nous avons fait des choses très valables depuis quarante ans. Nous avons plusieurs atouts en main. Mais on ne gagne rien à renvoyer sous le tapis les problèmes cruciaux que je viens de souligner. Ils nous invitent à aller chercher en nous des ressources plus profondes. Voyons donc cela dans un deuxième temps.

II

Le pacte social d'hier et d'aujourd'hui

Je tiens à souligner ce qui s'est passé au moment du façonnement du premier pacte social qui a présidé à notre passage de la société traditionnelle à la modernité, au lendemain de la Seconde Guerre mondiale. Cette première expérience peut contribuer à comprendre ce qui nous arrive, les débats que nous vivons, et la nouvelle donne historique à laquelle nous faisons face.

Le premier pacte social au Québec des années 1950 et 1960 a été profondément marqué par un souci intergénérationnel : pensions de vieillesse, allocations familiales, assurance-chômage, code du travail, accès universel à l'éducation, et plus tard aux soins de santé. Nous avions atteint, à la fin des années 1950, le taux de scolarisation des anglophones en 1920. Des familles étaient éreintées pour longtemps par des dépenses d'hôpital. Un des grands soucis de ma génération, qui a fait la Révolution tranquille, était l'avenir de la nombreuse génération du baby-boom.

Dans les débats du temps, je me souviens d'affrontements entre les anciennes élites et les nouveaux leaders sociaux. Les premières disaient que toutes ces choses devaient relever de l'unique responsabilité individuelle et privée, et au mieux de la charité volontaire. Les références « privé-public », droite-gauche, droits individuels et droits collectifs, étaient déjà là plus ou moins souterrainement. Mais la visée d'une vraie solidarité de société a fini par gagner. Et c'est encore l'enjeu crucial des débats actuels qu'il ne faut pas perdre de vue.

Bien sûr, nous sommes dans un nouveau contexte historique avec une nouvelle donne intergénérationnelle qui est et sera un des plus importants test de vérité des prochaines années.

L'Europe nous a précédés au chapitre des rapports entre politique et démographie. La moyenne d'âge des électeurs en Europe correspond à la moyenne d'âge de la prise effective de la retraite. On ne me fera pas accroire qu'il n'y a aucun lien entre le poids démographique d'une génération et son poids politique. Dans plusieurs dossiers de base sur les orientations politiques à se donner, les nouvelles requêtes du vieillissement de la population prennent pratiquement toute la place des politiques sociales. À peine quelques paragraphes sur les jeunes où l'on dit par exemple : « Les jeunes seront moins nombreux, ils coûteront moins cher. » Pas un mot sur le fait que pour la première fois depuis la dernière guerre mondiale beaucoup de jeunes d'aujourd'hui connaissent une mobilité sociale descendante, et cela sans les conditions nécessaires à des projets de vie à long terme. Comme dans les débats des années 1940 sur les pensions de vieillesse, on leur dit que les soutiens publics à la retraite tiennent uniquement de la responsabilité individuelle, que l'éducation est uniquement reliée à des choix privés, que l'accès aux soins de santé est une affaire privée. Permettez-moi ici d'en donner un exemple.

L'hôpital n'est pas un salon de l'auto

Je ne vois pas comment en termes d'éthique, de jugement sensé, de philosophie politique, de sens des valeurs, on peut soutenir que les services de santé peuvent être traités au même titre que le choix d'une automobile de son goût, comme vient de le dire un de nos politiciens. L'hôpital n'est pas un salon de l'auto. La santé n'est pas un objet de luxe. Je ne veux pas céder à une conception simpliste de l'égalité. Mais s'il est une valeur humaine commune, c'est bien la santé. Celle-ci concerne les références les plus fondamentales de notre condition humaine : la vie, la mort, la dignité, l'intégrité. Elle conditionne toutes nos capacités de bien vivre, de penser, d'agir et d'être utile à la société. C'est une des rares valeurs communes qui nous restent en deçà et au-delà de nos divergences politiques, religieuses, idéologiques ou autres. Il en va de même de l'éducation qui a entre autres caractéristiques spécifiques d'être un investissement capital pour l'avenir et non pas seulement un coût.

On ne saurait tenir des débats de fond et mettre en œuvre des réformes pertinentes sans une base philosophique et éthique sensée. En matière de nouveaux changements institutionnels, aucune des positions ne peut s'épargner une telle exigence de sens et d'humanisme. Il y a tout un monde entre les requêtes de l'oncologie et l'expansion ahurissante de la chirurgie esthétique des obsédés du vieillissement. Un exemple parmi cent de l'incroyable inconscience sociale qui a cours et des usages de la liberté que nous avons. Il serait dommage que les grands débats idéologiques ignorent à ce point ces pratiques qui défient la plus élémentaire justice.

Il en va de même de certaines positions actuelles en matière d'éducation qui, à la vue de notre histoire que je viens d'évoquer, auraient miné à sa racine la plus importante conquête de la Révolution tranquille, à savoir la démocratisation, l'accès de tous à l'éducation. Les arguments des anciennes élites du temps ressemblent étrangement à la privatisation tous azimuts que d'aucuns souhaitent aujourd'hui.

Loin de moi le refus des débats à tenir en la matière, des nécessaires réaménagements à faire, des opérations-vérités qui nous concernent tous, de quelque option que nous soyons. Y compris la question brûlante rarement évoquée, à savoir : quelle sorte de citoyens sommes-nous ? D'abord receveurs de services ou d'abord acteurs-constructeurs de la cité ? Je pense aussi à la tentation de sombrer dans les calculs immédiatistes de l'électoralisme. À ce chapitre, on peut être aussi borné à gauche qu'à droite, au public comme au privé. Nous avons à trouver ensemble les solutions les plus réalistes et les plus efficaces, un accès universel à l'éducation et à la santé qui soit juste et équitable pour toute la population. Je ne vois pas comment on peut se prétendre démocrate et refuser de voir nos enjeux les plus cruciaux en termes de solidarités de société. En deçà et par-delà les débats inévitables, il faut bien admettre que les intérêts corporatistes de toutes idéologies et tendances, de gauche aussi bien que de droite, contredisent cette visée d'un monde commun démocratiquement fondé, si tant est qu'on ait compris que la marque principale de commerce de tous les corporatismes, c'est de draper en intérêt général leurs intérêts particuliers et maximaux sans que la population n'ait aucun poids politique pour les sanctionner. Le ras-le-bol de la population doit bien avoir quelques raisons fondées. À gauche comme à droite, en a-t-on vraiment pris la mesure ? Je ne pense pas que les sondages d'opinion instantanée puissent rendre compte des sources profondes de ce ras-le-bol, et tenir lieu d'une véritable culture démocratique, d'une politique sensée, et encore moins de débats de fond à faire. Une population qui se sent impuissante est beaucoup plus susceptible de se laisser leurrer, de décrocher de la politique, ou de croire à des solutions magiques hors du réel.

Il doit bien y avoir une part de vérité dans ce que nous ont dit plusieurs interviewés dans notre recherche. Ceux-ci affirmaient : « Ce sont les grosses corporations financières, professionnelles et syndicales qui imposent leurs intérêts et leur agenda à la population, aux gouvernements et à la société tout entière. » L'opération-vérité en ce domaine n'a pas été encore faite. Que l'État devienne la seule instance du bien commun, cela ne me semble pas très propice à l'avènement d'une véritable société civile démocratique. On continuera longtemps de renvoyer toutes responsabilités du bien commun aux gouvernements. À tort ou à raison, je persiste à penser que ce problème de fond est peut-être le moins pris en considération. Ce ne sont pas les tournois électoraux épisodiques ni les sondages qui vont éclairer ce débat à tenir, même s'ils peuvent y contribuer. À partir de qui et de quoi allons-nous démocratiquement définir et mettre en œuvre des choix collectifs exigeants que nous n'avons pas faits au temps d'une relative prospérité ? Qui paiera les grosses dettes publiques qu'on ne cesse de remettre à plus tard ? Pourquoi écarte-t-on systématiquement les considérations à long terme dans les débats de l'heure ? Se peut-il que ce refus soit partagé par bien des gens de tous âges et milieux sociaux, de toutes positions idéologiques ? Quand l'empan du temps est on ne peut plus contracté, on se heurte mutuellement dans un espace de plus en plus réduit comme dans une famille éphémère.

De certaines graves responsabilités historiques

J'ai insisté beaucoup, dans ce manifeste, sur nos rapports au temps à partir de ma préoccupation prioritaire de l'avenir des jeunes. Préoccupation qui a marqué profondément toute ma vie d'adulte, et aussi ma condition d'aîné et de ma grave responsabilité historique à partager avec ma génération. Plus qu'un devoir de redonner un peu plus de mémoire à notre société de plus en plus amnésique, nous avons comme aînés un devoir d'avenir nécessaire pour ne pas céder à une logique de rentier décroché de la société. À soixante-dix ans, je peux être tenté de jouer la carte de mes intérêts immédiats, de mes seuls besoins de services de la société.

Je suis tout aussi inquiet de ces jeunes qui jouent des cartes pareilles sans se rendre compte qu'on est encore en train de sacrifier des enjeux à long terme dans les débats de l'heure. Ils risquent de payer très cher ces aveuglements du présent, y compris en espèces sonnantes et trébuchantes. Si j'ai évoqué l'expérience historique de membres de ma génération qui ont été préoccupés de l'avenir des jeunes tout au long de leur vie active, c'est afin de nous interpeller pour qu'au soir de notre vie, nous nous sentions encore responsables de l'avenir de ce que nous avons construit nous-mêmes. Camus disait, en 1950 : « Chaque génération se croit vouée à refaire le monde. La mienne sait pourtant qu'elle ne le fera pas. Mais sa tâche est peut-être plus grande. Elle consiste à empêcher que le monde se défasse. »

Certes, les jeunes ne peuvent se satisfaire de cet horizon. Ils ont le droit de rêver, de travailler à un monde autre. Lui non plus ne saurait se faire à court terme, avec des recettes magiques et dans le refus de penser en termes de nouvelles solidarités de société.

Des questions laissées-pour-compte

Avant de plaquer des schèmes idéologiques souvent trop manichéens sur le nouveau contexte historique que nous vivons, je pense qu'il faut procéder ensemble à un examen plus sérieux de ce qui nous a précédés, de ce qui nous arrive, de ce que nous souhaitons pour l'avenir. Le *nous* que j'emploie ici fait référence au monde commun que nous avons à bâtir démocratiquement. Je ne rêve pas à des consensus

utopiques. Par exemple, qu'en est-il du ras-le-bol largement répandu dans la population? Est-ce seulement une question de droite et de gauche, de logique
publique versus logique privée? Y a-t-il des enjeux
éthiques qui nous concernent tous? Quelle sorte de
citoyens sommes-nous? Quels sont nos rapports à
nos propres institutions? À l'État? Pourquoi avons-
nous tant de difficultés à résoudre nos problèmes et
défis entre acteurs concernés? Nos styles de vie ne
contredisent-ils pas souvent nos discours politiques?
Nos solidarités réelles ne sont-elles pas trop ponc-
tuelles, sans engagements soutenus? Ne joue-t-on
pas à tour de rôle la carte corporatiste que nous
reprochons aux autres? Qu'en est-il des tiers qui ne
sont pas inscrits dans les rapports de forces? Je pour-
rais allonger la liste de ces questions laissées-pour-
compte.

Je soupçonne qu'on dira après la prochaine élec-
tion que celle-ci en était une du ras-le-bol des
Québécois. Ne serait-il pas mieux politiquement d'en
prendre la mesure dès aujourd'hui? Les idées neuves,
les solutions neuves sont-elles le facteur déterminant?
Le sentiment de perdre des acquis est-il dominant
chez le plus grand nombre de citoyens? Et pour qui
voteront ceux qui sont en état de survie?

Laisserons-nous aux sondeurs l'interprétation des enjeux cruciaux qui nous confrontent ? Avec cette pseudo-philosophie politique, on n'est pas loin du « tout le monde le fait, fais-le donc ». Une sorte de raz-de-marée des ras-le-bol qui laisse entiers les problèmes à résoudre. *Un non retentissant pour repartir à zéro ? Un nouveau refus global ?* De la déprime collective au mythe de se croire la société la plus avancée de la planète ? D'où vient cet écartèlement entre le pays réel et nos utopies, entre le non « ça ne vas pas du tout » et le oui « nous sommes les meilleurs » ? Travaillons-nous vraiment à construire ensemble ? Dans cette dynamique, les inévitables conflits pourraient eux aussi faire avancer les choses. Il n'y a pas de nouveau vivre ensemble possible si on ne construit rien ensemble. Redisons-le, réussir l'école et l'hôpital serait déjà beaucoup. Deux institutions qui nous concernent tous !

Sept atouts pour l'avenir

On a fait le procès de la société traditionnelle et aussi le procès de la modernité sous toutes ses coutures, au point de n'en plus reconnaître les progrès humains qu'elle a apportés, sans compter le fait que la

modernité est porteuse de ses propres ferments d'au-
tocritique. C'est le cas de la démocratie, par exemple.
Je vais faire état de sept progrès humains qui sont déjà
des germes d'avenir, des références qualitatives à long
terme.

— Le premier progrès que je retiens est celui de
la revalorisation, non seulement du corps, mais aussi
des assises fondamentales de la vie. La sensibilité à
l'écologie, à l'environnement tient d'un enjeu crucial
à long terme. Un enjeu aussi bien planétaire que
local. Y compris des urgences incontournables. À ma
génération d'aînés et à celle qui la suit, je pose la
question de l'héritage que nous sommes en train de
léguer aux générations futures. Notons ici cette contradiction incroyable : le néo-conservatisme qui tra-
verse l'Amérique du Nord de part en part est en train
de brader les assises fondamentales de la vie. Que
beaucoup de citoyens s'éveillent à cet enjeu, à cette
valeur première est pour moi un marqueur d'espoir.

— Le deuxième progrès humain de notre modernité est cette nouvelle conscience, elle aussi locale et
planétaire, à savoir : un peu partout dans le monde,
des individus, des groupes, des peuples se dressent
pour refuser d'être des rouages de systèmes conçus et
gérés sans eux : non pas seulement des systèmes

politiques, mais aussi une techno-économie préda-
trice qui va jusqu'à vendre le génome humain à Wall
Street. «Est-ce que nous valons par nous-mêmes et
pour nous-mêmes?» dit cette nouvelle conscience au
nom des droits humains fondamentaux, d'une société
civile, d'une citoyenneté et d'un regain démocratique
en émergence.

— Le troisième progrès humain relié aux deux
autres est celui de la réinscription du questionnement
éthique dans les enjeux politiques, économiques,
techno-scientifiques, y compris dans les styles et
objectifs de vie, dans les nouveaux défis du pluralisme
cosmopolite, culturel et religieux, dans une véritable
démocratie capable de se donner un monde commun
viable, plus juste, plus solidaire et plus fécond, sans
compter le défi des inégalités croissantes, non seulement au sein de notre société mais de l'univers planétaire, géo-politique entier.

— Le quatrième progrès humain inséparable des
trois premiers me tient à cœur particulièrement
comme éducateur, c'est le fait que bien des gens sont
en train de réviser, de refonder et de recomposer leurs
valeurs. Ils remettent de l'avant les questions de sens.
Je m'en suis rendu compte dans la recherche que je
dirige depuis douze ans sur les orientations sociales

culturelles, morales et spirituelles dans la population. Au même moment, je vivais cruellement comme citoyen bénévole une expérience navrante dans une régie régionale où aboutissent tous les problèmes sociaux. J'avais le sentiment d'être pris dans un système dont l'idéologie est son propre fonctionnement (Habermas). Que des batailles corporatistes de statuts, de pouvoir, de fric et d'intérêts particuliers faussement drapés en intérêt général. Je me disais que les gens étaient en avance sur ce monde bureaucratique en remettant de l'avant les finalités de sens qui ont toujours présidé aux sauts qualitatifs d'histoire, de société et de civilisation.

— Le cinquième progrès humain a émergé au tournant des années 1980, après l'affaissement des grands mythes d'après-guerre, à savoir une croissance économique sans limite qui promettait le paradis sur terre. Et puis le grand mythe d'une libéralisation des mœurs, elle aussi sans limites. Le choc des limites du réel a suscité chez bien des gens une gestation de conscience qui est allée jusqu'à une revisitation des profondeurs spirituelles de leur humanité, là où se logent les ressorts les plus cruciaux de rebondissement, de reprise en main de soi-même, de résilience face à une austérité inattendue, après les illusoires facilités d'une relative prospérité où l'on avait cru que tout est possible. On a très peu fait le lien entre ces grands mythes collectifs paradisiaques et l'expansion d'une individualité de plus en plus narcissique confortée par la pop-psychologie et un univers médiatique de *star system* enroulé sur lui-même. Le regain des valeurs spirituelles, de l'intériorité devient paradoxalement un lieu important de vérité, de distance critique, de renouement avec le réel et ses limites, de dépassement qui ouvre sur plus grand que soi.

— Le sixième progrès n'est pas le moindre. Il s'agit de la formidable créativité culturelle qui s'est déployée chez nous depuis une quarantaine d'années. Celle-ci aussi a été un lieu de fécondité, d'opération-vérité sur nous-mêmes, d'espoir envers et contre tout. À travers cette dynamique, nous avons renoué avec le formidable patrimoine symbolique de l'histoire humaine qu'un certain rationalisme des Lumières jusqu'au XXe siècle a trop disqualifié bêtement avec son prétendu désenchantement du monde et son positivisme idéologique, matérialiste. Le patrimoine historique symbolique littéraire, théâtral, pictural, musical, etc., comme la créativité culturelle chez nous, est porteur d'une force de dépassement trop insoupçonnée, à savoir cette mystérieuse et merveilleuse capacité humaine de faire sens même là où il n'y en a plus. Aucun régime politique, économique ou religieux, même le plus totalitaire, ne peut vaincre longtemps ce ressort humain inestimable pour réenchanter la vie et le monde et relancer l'aventure humaine, y compris politique.

— Le septième progrès que je tiens à souligner est celui d'une affectivité et d'une subjectivité plus saines, plus libres, plus épanouissantes. La révolution féminine y a joué un rôle inestimable. La famille moderne, qu'elle soit standard ou recomposée, permet davantage à chacun de ses membres d'engager sa propre histoire. Cet avènement du sujet humain libre, responsable, interprète, acteur, décideur, debout ne peut que profiter à une démocratie plus adulte, à une société plus heureuse. Même Marx, dans sa *Critique de l'économie politique*, disait qu'une révolution qui ne débouche pas sur une individualité forte, résolue, sur un passage de l'homme couché à l'homme debout, est une révolution avortée. Moi, je vous avoue que cela a été une obsession constante dans mon travail social. On peut, même avec une idéologie de gauche, accroître un comportement de dépendance.

III

Conclusion transitive

J'ai évoqué ces progrès humains qui me semblent marquer le nouvel art de vivre qui s'est développé au cours des dernières décennies. Derrière ce qui se défait, souvent d'autres pousses de vie et de sens surgissent. C'est le pari que je tire aussi bien de la tradition humaniste laïque que de la tradition judéo-chrétienne, et aussi de l'histoire humaine. Des peuples, comme des individus frappés par de profondes épreuves, ont su rebondir en espérance entreprenante. Ils avaient en commun une fibre coriace, un tonus moral, une résilience de conscience et d'âme.

Quitte à me répéter, je dirai jusqu'à la fin de ma vie que des pratiques molles, des valeurs molles, une conscience molle, des politiques molles font des individus et des peuples mous. C'est ce qui m'inquiète le plus comme éducateur depuis un bon moment. Fernand Dumont disait que notre société est rigide là où il faudrait être plus souple, et molle là où il faudrait être plus ferme et consistant.

Nous entrons dans une nouvelle phase historique de raccords, de recomposition de nos valeurs et références que nos idéologies souvent manichéennes ont opposées bêtement. Je n'ai jamais blairé le schème simpliste qui laisse entendre que la société traditionnelle était tournée vers le passé, la modernité vers l'avenir, et la postmodernité vers le présent. Là aussi, le défi en est un de recomposition du temps, surtout dans une société où tout se joue à court terme dans presque tous les domaines.

Sans le sens de la durée, on passe d'une expérience à l'autre, d'une réforme à l'autre sans en laisser mûrir une seule. Les utopies de la table rase, de la création *ex nihilo*, de l'auto-enfantement, de la révolution permanente, du changement pour le changement ne sont pas étrangères à la contraction du temps, et au refus du long terme. Qui sait, les prochaines générations nous feront peut-être un sacré procès pour les énormes hypothèques que nous leur auront léguées. Les graves problèmes d'environnement ne sont qu'un marqueur entre plusieurs autres.

De toutes les responsabilités, «l'historique» est la plus dense, la plus impérative et la plus humaine, si tant est qu'on reconnaisse que la première ouverture de notre finitude est celle de l'histoire qui nous a précédés et de l'histoire qui nous suit. Nous sommes ce qui nous survit, disait Erikson. Cette philosophie du sens de notre aventure humaine ne court pas les rues. Il serait tragique qu'elle continue d'être absente de nos débats qui se repoussent les uns les autres quasiment d'heure en heure!

S'agit-il de solidarité(s), s'inquiète-t-on assez de leur caractère trop souvent ponctuel au gré des intérêts du moment?

S'agit-il du monde commun à se donner démocratiquement, pourra-t-on y arriver sans s'y investir avec patience et assiduité, sans une plus haute estime du bien commun et de la politique?

S'agit-il de foi en nous-mêmes et en l'avenir, c'est la qualité de nos profondeurs morales et spirituelles qui saura l'inspirer et la renouveler.

Quel dommage si les références humanistes sont considérées comme des relents éculés, alors qu'elles ont été à la source des sauts qualitatifs de ce qu'on appelle la civilisation. Nos allergies révèlent souvent ce que l'on a refoulé en soi. Est-ce le cas même du mot *humanisme* passé de mode... aujourd'hui! S'y cache un je ne sais quoi de nihiliste. Seuls quelques intellectuels sont enchantés du désenchantement du monde.

Avec Bourdieu, comment ne pas souhaiter de nouveaux agirs ensemble arrimés à des idéaux plus réalistes, avec le souci de ne jamais mystifier les consciences.

J'ose espérer que nous aurons plus de discernement pour décanter tous nos héritages historiques en en tirant le meilleur, évaluer plus judicieusement le pays réel d'aujourd'hui et, enfin, pour mieux intégrer les requêtes à long terme dans des enjeux collectifs trop souvent livrés aux conflits d'intérêts les plus immédiats.

La capacité d'inscription dans le temps est le premier test de vérité de la qualité de notre fibre humaine, de notre tonus moral, de notre profondeur culturelle et spirituelle. Il serait dommage de qualifier ces propos de vœux pieux ou de référence abstraite, alors que nous savons très bien que les petits peuples qui ont fait histoire avaient en commun pareille « couenne coriace ». Mais il y a plus.

La boutade de l'économiste Keynes : « À long terme nous sommes tous morts » se révèle tragique quand je vois la cohorte des « prospères » d'aujourd'hui préoccupés avant tout de leurs intérêts immédiats, de leurs acquis à maintenir, de leur maximum de confort, de la baisse de leurs taxes, sans véritable souci des enjeux à long terme, comme les coupures d'emplois au profit du rendement de leurs actions. La vieille image biblique : « Après nous le déluge, on s'en fout » est d'une brûlante actualité. Je devrais dire plutôt : d'un refus d'intégrer le long terme dans les calculs du présent.

Un des effets sociétaires pervers du vieillissement de la population pourrait être celui d'une culture et d'une politique de rentiers, après une étrange prospérité qui s'est accompagnée d'une dénatalité radicale. Et l'on continue de dire qu'il n'y a pas de problème générationnel. Comme jamais peut-être, nous aurons la politique de notre démographie, non seulement ici, mais aussi ailleurs en Occident.

Est-ce qu'il n'y a pas là-dessous une autre version de la table rase ? Après celle de la mémoire et de l'histoire passée, voici celle du refus global de préparer l'avenir. Pourtant, ma génération d'aînés a investi beaucoup d'elle-même pour l'avenir de ses enfants et j'en vois inverser cette dynamique dans une logique toute autre. Dans des débats publics récents, j'ai entendu plusieurs retraités assez cossus, du troisième âge et des baby-boomers en pré-retraite nous dire qu'ils n'en avaient pas pour leur argent, qu'ils étaient mal servis par la société et les gouvernements. Aucune référence à notre responsabilité collective d'aînés face à l'avenir des autres générations. Une seule obsession : la baisse de rendement de leurs placements spéculatifs et la priorité de baisser leurs taxes, avec, bien sûr, une privatisation des soins de santé qu'ils peuvent se payer. Les jeunes prospères ne raisonnaient pas autrement.

Est-ce là un présage de l'orientation politique des prochaines années ? J'ai évoqué plus haut le sentiment fort répandu et quasi permanent d'être dans une société bloquée. Sentiment que l'on traîne depuis un bon moment. Mais est-on vraiment conscient que le pire blocage est la démission face à l'avenir ? Le présent sans mémoire et sans horizon devant lui devient vite étouffant et aveuglant. On n'a plus de distance individuelle et collective, même sur soi. On veut tout tout de suite... une réponse immédiate.

Lors des consultations publiques récentes sur l'état de notre démocratie, bien peu de gens ont osé s'interroger sur les citoyens que nous sommes ! Plutôt un citoyen receveur de services qu'un acteur-constructeur de la cité, du bien commun et de solidarités plus fécondes. Les blocages que l'on nommait venaient toujours des autres. Quand on ne sait plus avoir de distance sur soi, ni se situer dans le temps, on renvoie forcément la responsabilité sur les autres, sur le système, sur le gouvernement, sur tout le monde et son père.

Il y a là un grave problème philosophique et éthique en deçà et par-delà toute considération politique. Sans compter son effet destructeur de la conscience historique qui seule peut mettre en perspective les enjeux du présent. Dans cet essai, j'ai tenté de montrer comment l'affaissement de la mémoire s'est mué en voilement de l'avenir. À ce chapitre, la maladie moderne de l'Alzheimer avec la déconstruction des autres forces motrices qu'elle provoque, est une métaphore éclairante sur ce qui pourrait nous arriver si nous continuons à ne jouer que des cartes du plus immédiat court terme. C'est là le premier symptôme de l'Alzheimer.

Loin de moi tout mépris de l'art de vivre au présent et tout refus de prendre en compte les urgences actuelles ; encore moins ne veux-je jouer au prophète de malheur d'une quelconque apocalypse. Je le redis, nous ne sommes pas une société du tiers-monde. J'ai souligné les atouts positifs qu'on s'est donnés. Mais diable, il faut bien admettre la gravité des choix collectifs auxquels nous sommes confrontés, et de

plusieurs culs-de-sac, particulièrement de nos ins-
tances publiques. Fût-ce de se demander pourquoi
nous dépensons des sommes fabuleuses pour réparer
des pots cassés ? Cela nous interroge sur notre capacité de résoudre nos propres problèmes entre acteurs
concernés. Combien de nos réformes prometteuses
ont été remises en cause sans qu'on leur ait laissé le
temps de mûrir ?

Accepterons-nous, pour une fois, d'examiner
l'hypothèse de la répétition du même scénario de rupture qu'on a fait tout autant de nos nouvelles institutions que des anciennes, avec l'utopie de la table
rase et de la création *ex nihilo* ? Est-ce là un sain
rapport à la dynamique de l'évolution de la vie, de la
gestation de la conscience, de la maturation nécessaire
de tout changement historique ? Est-ce sensé de vouloir passer tout de go du tout public au tout privé ?
D'où vient ce balancement aux extrêmes ? J'ai tenté
d'en retracer la genèse historique. Je sais qu'il y a ici
amplement matière à débat. Comme aîné qui a
connu et vécu aussi bien l'ancien régime que le nouveau, j'ai pensé que j'avais quelque chose à dire dans
les débats de l'heure.

Il me semble que la réintégration de la conscience
historique, de la philosophie et de l'éthique dans les

enjeux actuels et leur impact politique sont une des bonnes assises pour en débattre d'une façon constructive. Il n'y a pas seulement les implications politiques qui sont ici en cause, mais aussi les requêtes d'évaluation de la personnalité de base qu'ont générées les orientations culturelles des expériences historiques récentes et de la société que celles-ci ont fait naître.

Mais je tiens tout autant à souligner que ma propre démarche critique s'accompagne d'une posture fondamentale reliée à ma foi d'espérant têtu. Celle-ci vient non seulement de ma tradition spirituelle mais aussi de l'histoire de mon peuple qui contre vents et marées a conservé et développé sa singularité identitaire en Amérique. M'inspire ici ce propos de Simone Weil dans son ouvrage remarquable *L'enracinement*.

> De par sa durée, la collectivité pénètre déjà dans l'avenir. Elle contient de la nourriture non seulement pour les âmes des vivants, mais aussi pour celles d'êtres non encore nés qui viendront au monde au cours des siècles prochains. Enfin, de par la même durée, la collectivité a ses racines dans le passé. Elle constitue l'unique organe de conservation pour les trésors amassés par les morts, l'unique organe de transmission par l'intermédiaire duquel les morts puissent parler aux

vivants. Et l'unique chose terrestre qui ait un lien direct avec la destinée éternelle de l'homme, c'est le rayonnement de ceux qui ont su prendre une conscience complète de cette destinée, transmis de génération en génération.

Encore ici, à tort ou à raison, je pense que plusieurs citoyens peuvent être sensibles à cette vision des choses qui transcende, sans l'effacer ni la nier, la contingence de nos transhumances d'hier et d'aujourd'hui, et celle de l'inévitable limite de nos diagnostics et de nos engagements.

Enracinement et transcendance : ne sont-ce pas là une des recompositions, à toujours renouveler ? Comme aussi les solidarités de société qui n'ont cessé de mettre au défi toutes les générations de notre histoire. Encore aujourd'hui, c'est un des enjeux les plus cruciaux au centre de la nouvelle donne de choix collectifs de priorités. Mais eux aussi, ils seront tributaires de la qualité de nos enracinements historiques et de nos références transcendantes. Qu'on soit d'esprit religieux ou d'esprit laïque.

Et j'ose dire qu'il serait dommage qu'entre autres références, la tradition judéo-chrétienne, qui a marqué si profondément l'histoire occidentale, devienne lettre morte. Les générations futures nous reprocheront peut-être d'avoir cédé à pareille tentation de refus global et de *tabula rasa*. Même l'athée Jean-Paul Sartre s'inquiétait, à la fin de sa vie, de cette «aveugle impasse».

Jean-Marie Domenach le rappelait, il y a quarante ans, à ses interlocuteurs québécois de la revue *Parti pris*. Il leur demandait comment ils pouvaient se réclamer de l'histoire, tout en discréditant totalement leur souche principale en Occident. Depuis ce temps, dans les débats et projets auxquels j'ai participé, on pensait et agissait comme si cette composante de l'histoire et de l'expérience humaine non seulement n'avait aucun sens mais, pire encore, comme si elle n'existait pas. Toujours la table rase. Pas la moindre question sur les conséquences de l'évacuation de la religion de l'espace public. Quand je soulève ce problème, on se met à parler des Amérindiens et des autres communautés culturelles et de leur religion, mais de nous, point question. On ne se reconnaît aucune filiation historique de cet ordre. De toutes nos situations tordues, c'est peut-être la plus incompréhensible pour les «autres» communautés culturelles du Québec. Comme si, contrairement à elles, nous étions «laïques» mur à mur. Et l'on se plaint qu'elles ne nous comprennent pas, qu'elles ne veulent pas

s'intégrer. «Nous sommes ouverts à tout et à tous.»
Mon œil!

*Nos rapports à la religion sont un des principaux
révélateurs de nos attitudes de base qui ont marqué notre
histoire récente et nos autres rapports à la société, aux
institutions, à la politique, au changement, au passé et à
l'avenir, à l'école et à la famille. Les débatteurs sur notre
identité comme peuple ont en commun le même refou-
lement de la question religieuse. Nos autres refoulements
sont souvent de même facture.*

Mais comment s'en rendre compte quand on
pense et agit comme si la religion ne faisait plus partie
du pays réel, si ce n'est dans les soutes de la conscience privée de certains esprits attardés. Le rejet de
toute prise en compte de la religion est souvent
péremptoire. Seuls quelques jeunes intellectuels cou-
rageux ont osé poser le problème, et l'on a vite fait de
les traiter d'esprit passéiste, aussi dépassé que le mien.
Même à titre d'hypothèse, un tel propos est décrété
irrecevable. Mais on maintient qu'on est ouvert à tout
et à tous. Une étrange ouverture fort sélective!

Je sais bien que cette hypothèse ne constitue pas
un diagnostic exhaustif sur notre société et son nouveau contexte historique. Mais elle n'interroge pas
moins l'écart entre les grands débats sur l'identité, sur

le modèle québécois et sur la postmodernité, d'une part, et d'autre part, ce qui se passe chez les Québécois eux-mêmes et dans le pays réel. Un peu comme ce qui s'était passé au moment de la rupture historique décisive où l'on a proclamé l'avènement assuré d'un Québec indépendant, laïque et socialiste comme changement global et radical de cap au point de vouloir rayer non seulement la société dite traditionnelle mais aussi le vilain réformisme des artisans de la Révolution tranquille. Cette schizophrénie s'est reproduite en divers scénarios jusque dans le type de personnalité de base narcissique qui s'est développée chez nous.

Pareille hypothèque ne cesse de miner les dynamismes et les progrès que nous avons faits au cours des dernières décennies. Nos alternances de déprime et d'exaltation de nous-mêmes en sont largement tributaires. Tantôt république proclamée avant-gardiste, tantôt société bloquée qui nous désespère. Il faudra bien un jour sortir de ce cercle vicieux paralysant.

Sinon nous continuerons d'emmêler dans nos comportements un progressisme conservateur chez les uns, et un conservatisme prétendument d'avant-garde chez d'autres. Quitte à se traiter de réactionnaires mutuellement et de se renvoyer dos à dos.

IV

Des débats de fond à tenir

Enquête dans ma ville

Entre les extrêmes de nos utopies et de nos désenchantements, certaines questions très simples et vitales me viennent. Elles ont beaucoup à voir avec le souci de reprendre pieds dans le pays réel de nos pratiques de vie et de nos tâches essentielles.

Où est-ce et en quoi mettons-nous notre temps et nos énergies ?

Je vais situer cette première question dans le contexte concret de la ville où j'habite. Je m'inspire d'une enquête menée auprès d'employés de divers services. Ne dit-on pas dans l'économie savante que nos sociétés sont avant tout des sociétés de services ? Et les critiques sociaux en parlent en termes du « tout au marché ». Le citoyen est-il avant tout un consommateur ? Certains disent qu'on se fait même un enfant comme un ultime bien de consommation, ou qu'on refuse d'en faire au nom de sa propre qualité de vie, de son confort, et aussi de sa carrière.

À tort ou à raison, j'ai pensé qu'une enquête sur ce qui se passe dans les services privés et publics pouvait être un révélateur de nos réelles pratiques et objectifs de vie, de nos valeurs et philosophies de la vie, de nos rapports à la société. Je n'ai pas interrogé les patrons, mais plutôt les employés. Plus libres de dire les «vraies choses» sans égard à ses propres intérêts. De tous les lieux de service, les «centres d'achats» sont devenus l'institution principale de notre société. Le grand rendez-vous de tout le monde, sept jours semaine. On y trouve de tout, y compris des cinémas, des cliniques, un salon de l'auto, des agences de voyage et même un lieu de culte. Sauf une quelconque solidarité ou convivialité. Plutôt un «brunch», un agrégat d'individus tous concentrés sur les objets de consommation, sur les nouvelles modes et pour tous les désirs et envies.

Premier constat. Les vendeurs nous ont révélé d'incroyables comportements de bien des consommateurs en matière d'objets de luxe, qui s'endettent «jusqu'au cou» ou qui ne «sont pas regardants» quant au coût. Ces commis-vendeurs, pour la plupart payés au salaire minimum, et d'autres, pour joindre les deux bouts de leur maigre budget, étaient on ne peut plus ulcérés, choqués de « l'absence de sens des valeurs » qu'ils constataient quotidiennement. Écoutons-les.

— Les beaux grands discours critiques que j'entends à la télé sur le capitalisme, sur les affreux gouvernements m'écœurent royalement, comme si cette mentalité qu'on dénonce n'était pas aussi celle de la plupart des gens, des citoyens eux-mêmes. On ne parle jamais de cela. Moi je vends des bijoux dispendieux à des gros salariés et parfois à des assistés sociaux. Comme petit salarié qui met toute sa dignité à gagner son pain, j'en ai ras-le-bol.

— Le problème des inégalités commence entre nous, les citoyens, entre les gaspilleux et ceux qui tirent le diable par la queue.

— Ici à Saint-Jérôme, il y a les gros salariés professionnels et syndiqués gras durs, comme les employés de la municipalité, et nous les précaires qui leur vendons ce qu'il y a de plus cher dans les vêtements à la mode, les bijoux, les articles de sports. Et Jean Chrétien qui nous incite à acheter plus pour relancer l'économie.

— Il y a pénurie de logements pour le petit monde et l'on voit construire d'immenses maisonschâteaux tout autour de Saint-Jérôme pour abriter deux personnes avec un gros train de vie artificiel.

— Au centre-ville, c'est le lieu du divertissement permanent, jour et nuit. Le gros fun. Le nouvel opium du peuple. On appelle ça la joie de vivre des Québécois. Nous sommes les champions de l'humour, des festivals. Et mettez-en. Mais on braille sur l'hôpital qui nous sert mal, sur l'école et ses décrocheurs, sur les églises qui ferment. Il y a quelque chose de faussé dans notre peuple. On donne cinquante-six raisons pour expliquer pourquoi on ne fait plus d'enfant, pourquoi on gâte à mort celui qu'on s'est fait pour soi-même. Toutes des raisons extérieures à nous-mêmes pour éviter de regarder notre réel à nous.

— Tout le monde se plaint de ne pas avoir de temps. Qu'en est-il du temps qu'on passe écrasé devant la télé, dans les centres commerciaux, à courir pour offrir aux enfants mille et une activités? On court après quoi au juste?

Nous avons interrogé aussi des employés d'agences de voyages. Là aussi, on en a appris des vertes et des salées sur qui voyage, sur les dépenses, sur les endroits où l'on va. Et que dire de nos entrevues avec les dépanneurs qui nous ont parlé de l'escalade des achats de billets de loterie. «20 à 30 dollars d'une seule shot», c'est de plus en plus fréquent. Loto, porno, astro. Ces opiums quotidiens qui prolétarisent davantage une population. Ce qu'ignorent nos grands discours idéologiques et politiques. Les styles de vie au quotidien sont rarement dans leur champ de vision.

Je le redis, nous dépensons des sommes fabuleuses pour réparer des pots cassés. Mais on s'y arrête si peu, même quand il s'agit de leur retentissement sur les problèmes de l'hôpital, de l'école et des services sociaux. On est loin de la *Grande Clarté* d'un Québec indépendant, laïque et socialiste, ou de la *République des satisfaits* qu'a si bien décrite Galbraith. Je vous avoue que je suis sorti abasourdi de ces entrevues avec les employés de service de ma ville. Et je suis pratiquement sûr que j'aurais entendu pareils propos aux quatre coins du Québec.

Ce qui est en jeu aussi, ce sont nos rapports au réel. Un de nos interlocuteurs dans l'enquête en a parlé en ces termes.

Au détail, les Québécois se désespèrent devant les faits scandaleux rapportés par les journaux, la radio ou la télé. Ils en râlent ensemble quotidiennement à la maison, au restaurant ou au travail. Mais en gros, ils se perçoivent eux-mêmes comme ben fins, tolérants, ouverts, gentils. Les jeunes sont tous beaux, les aînés sont tous merveilleux. On est plus riche qu'avant, plus instruit. J'en reviens pas de ce décalage entre notre image de nous-mêmes et notre réalité. On se balance entre le pessimisme le plus noir et l'optimisme le plus flyé. On est de même, individuellement et collectivement. Quand je dis qu'il faudrait d'abord être plus réaliste, mettre plus de temps sur le réel que sur nos images et nos râlages perpétuels, les gens autour de moi se dépêchent de faire dévier ce qui pourtant les concerne, pour parler des gouvernements, des politiciens responsables de tous leurs malheurs. Avec la plus profonde inconscience sociale, des retraités bien protégés et nantis proclament leur droit de «dépenser tout l'argent qu'ils ont gagné» et maugréent en même temps sur l'impôt, sur les services publics qui les servent mal, sur les jeunes gaspilleux, sur la baisse de rendement de leurs placements. Un exemple entre beaucoup d'autres semblables. Mais c'est un tabou de parler de choses comme celles-là.

Nos grands colloques et grandes consultations sur les grands changements à faire en matière de structures démocratiques ou de nouveaux projets de société à envisager, survolent ou escamotent un examen sérieux de nos pratiques de tous ordres. En particulier, des pratiques comme celles d'ultimatum, de revendications qui laissent peu de place à la négociation et qui minent le moral de la population. Elles sont, en partie du moins, une des raisons de ce qu'on appelle le virage à droite des Québécois.

De nouvelles questions de fond trop refoulées

L'anthropologie historique nous a appris qu'un des rapports les plus fondamentaux de la conscience individuelle et collective est celui de l'ordre et du chaos. La Bible, par exemple, commence par cette dramatique. Non seulement évoque-t-elle cette peur de retomber dans le chaos mais aussi la responsabilité de se donner un ordre viable juste et fécond sans lequel on ne peut vivre ensemble, agir ensemble. Les récits mythiques du meurtre de Caïn, du Déluge, de Babel sont très éclairants pour mieux comprendre les sources de la violence, de l'oppression, de la pensée unique, de l'anomie des consciences. Et en même temps, ces récits ouvrent sur les rôles fondateurs, libérateurs et civilisateurs des limites et balises d'un ordre commun que nous avons à nous donner et à renouveler judicieusement. Même la précieuse liberté humaine peut devenir arbitraire si elle est vécue dans des contextes sociaux chaotiques disloqués ou indifférenciés. « Quand les institutions s'affaissent les êtres humains deviennent plus incertains, plus insécures, plus erratiques. » Ce vieux proverbe n'est jamais cité, et pourtant ce qu'il peut être d'une brûlante actualité ! Surtout quand on a poussé très loin le mythe du tout est permis, du tout est possible, du tout tout de suite. On ne saurait reconnaître la finitude humaine et se prêter en même temps à ces pratiques narcissiques de toute-puissance, comme si nous étions des dieux.

J'ai analysé dans mes ouvrages récents la personnalité de base que génèrent la culture narcissique et nos mythes collectifs de la table rase, de la création *ex nihilo*, de la négation des différences de rôles, de sexes, de générations. J'ai fait état des prolongements de cette personnalité de base dans les rapports au lien social, aux institutions, à la politique et à la société. Sans compter cet autre mythe de la contre-culture qui a disqualifié non seulement la pratique, mais aussi l'idée même de transmission. On ne pouvait mieux éteindre la conscience historique. C'est à ce moment qu'on a cessé d'enseigner l'histoire dans les écoles. « La société sans l'école », disait Ivan Illich, applaudi même par de vieux éducateurs de l'époque. Penser que ce fut là un court moment de folie sans conséquence à long terme, c'est une illusion de « raseurs ». Ainsi, des adultes adolescents d'aujourd'hui sont incapables de comprendre que leur enfant ou adolescent suicidaire n'est pas en mal de liberté plus grande, mais plutôt qu'il souffre de profonde insécurité. À tort ou à raison, j'applique cela à notre société actuelle.

Le sentiment le plus profond des Québécois est peut-être leur insécurité dans tous les sens du terme. Ce que nos grandes utopies d'hier et d'aujourd'hui ont trop ignoré ou sous-estimé. Notre petite société en Amérique reste encore bien fragile. Nos racines sont courtes. Raison de plus non seulement pour mieux nous serrer les coudes et travailler plus fort et mieux ensemble, mais aussi pour dépasser cette mentalité du court terme tous azimuts et inscrire davantage dans le long terme nos talents, nos entreprises, nos choix collectifs, nos propres institutions, y compris nos revendications et leurs calculs trop immédiatistes. Redisons-le, les multiples décrochages soulignés dans cet essai ont une portée historique beaucoup plus grave qu'on ne le dit. Un des plus gros chocs que j'ai eus dans l'enquête sur les générations contemporaines a été de me rendre compte que l'éducation, chez beaucoup de Québécois, n'a pas de valeur en elle-même, qu'elle n'est qu'un dispositif instrumental à rendement le plus immédiat possible. En contrepoint, je rappelle que c'est dans les sociétés les plus développées qu'on accorde à l'éducation une valeur en elle-même.

Est-ce là une cote d'alerte sur l'état actuel de notre société où l'on se congratule un peu trop facilement et superficiellement des progrès accomplis, tout inestimables qu'ils soient? La prospérité facile est finie. Le monde est de plus en plus complexe. Il nous faudra être encore plus instruit. Le développement durable en dépendra en bonne part. On n'en a que pour la santé. Bien sûr, c'est là où s'expriment le plus nos insécurités. Le rapport mort-vie y est en jeu. Je comprends que les Québécois veulent des profonds changements dans un système où ils persistent, avec raison, à maintenir l'accès égalitaire de tous. N'est-ce pas le premier bien commun?

Mais je tiens à souligner que l'enjeu le plus évident et crucial à long terme se révèle dans nos pratiques et nos investissements en éducation. Les Grecs de jadis établissaient une adéquation entre éducation et civilisation. Cela vaut aujourd'hui, plus qu'hier. Je ne suis pas sûr que beaucoup de membres de ma génération qui ont réussi sans trop d'instruction aient pris conscience politiquement de la nouvelle donne historique à ce chapitre. Notre société vieillissante aura la tentation de jouer des cartes de court terme. Cette éventualité est rarement évoquée dans nos débats.

J'ai abordé aussi dans cet essai la question toute aussi importante de nos profondeurs morales et spirituelles. Même la toute dernière réforme en éducation n'y accorde pratiquement pas d'attention. La population elle-même ne semble pas s'en inquiéter. Est-ce un autre indice, une autre version de la table rase? Allons-nous vers une laïcité déjà vide spirituellement? S'est-on donné une morale laïque? Quelle formation de cet ordre ont les futurs enseignants, et même les enseignants en poste? Le religieux sauvage et éclaté qui se vit présentement dans les marges peut se prêter à bien des effets pervers. Déjà au XIXe siècle, des esprits laïques disaient avec raison: «S'ils ne sont pas croyants dans une tradition religieuse éprouvée et critique d'elle-même, ils deviendront crédules.» Quelle prophétie pour aujourd'hui! Même le mouvement laïque français très anti-religieux vient de renouer avec cette première intuition laïque. C'est ce même mouvement qui a plaidé pour une réintégration de l'intelligence de l'expérience religieuse à l'école. Le programme de notre ministère de l'Éducation adopte la mouvance contraire. Encore les compteurs à zéro!

Mais cet enjeu déborde l'école. Il touche nos accès à notre propre civilisation occidentale souvent incompréhensible sans culture chrétienne. Plus largement encore, on peut se demander par quoi va-t-on remplacer l'accès aux couches profondes de la conscience et de l'âme humaine qui ont été médiatisées jusqu'ici par des religions. Sécularisons ce questionnement : les choix collectifs de société auxquels nous sommes confrontés présentement ne vont-ils pas exiger aussi de plus profondes ressources morales et spirituelles pour les assumer et vraiment les inscrire dans l'avenir ? Que les acteurs dans cette nouvelle donne considèrent que ce n'est pas leur créneau, ne serait-ce pas là un autre révélateur de la répétition du même scénario : celui de la rupture globale au début de notre modernisation ?

Poussons plus loin notre interrogation. Un jeune peut-il se construire s'il est entouré d'adultes qui ne croient plus en grand-chose ? Qu'est-ce qui arrive dans une société où il n'y a plus rien de sacré ? Quelles assises faut-il pour des engagements, des loyautés, des liens durables ? M'est avis qu'on a trop fait l'impasse sur ces questions, non pas chez les individus, mais dans les pratiques et les rapports sociaux, et dans nos débats de société.

Qu'est-ce à dire considérant notre histoire propre ? Comment a-t-on pu oblitérer la mémoire de la dynamique spirituelle qui a inspiré le bel et digne entêtement de nos ancêtres à garder vivante l'identité culturelle du peuple original qu'ils constituaient ? Comme bien d'autres contemporains, j'en sais tous les travers et les replis. J'ai participé à la mise en cause de la chrétienté cléricale et de ses carcans. Mais je n'ai jamais accepté l'inconscience avec laquelle on a, dans cette rupture, discrédité ceux qui nous ont fait naître généreusement, leur foi, leur espérance envers et contre tout. On s'est moqué de «la foi gardienne de la langue», comme si dans ce contexte historique d'hier il n'y avait pas là une assise positive, un sens plausible, une étape compréhensible.

Dans ce discrédit global, on ne s'est pas rendu compte qu'on se frappait soi-même, qu'on faisait un vide qui allait avoir de graves répercussions, surtout celle de nous fragiliser. On ne se crée pas une nouvelle identité à partir de zéro. Et nous voilà aujourd'hui à nous demander pourquoi notre peuple se cherche, pourquoi il ne se reproduit plus, pourquoi il ne veut plus forcer son destin, pourquoi plusieurs démissionnent en se disant que leur peuple et son identité propre va s'éteindre. On se cache les uns aux autres ces questions qui habitent bien des consciences. Elles sont là dans le sentiment d'une société bloquée, et souterrainement dans tant de décrochages, y compris dans un certain nihilisme intellectuel érigé en noblesse philosophique. Elles sont là chez de nombreux suicidaires dont on ne sait pas décoder le drame spirituel, la crise du croire et de l'espérance. Elles sont là dans nos façons de passer subitement de nos graves problèmes au «y'a rien là», au «no problem», au succès de quelques vedettes au plan international, à l'éloge de l'incertitude dans les salons des beaux esprits à la retraite bien coussinée. Et surtout, elles sont là dans cette cynique attitude de jouir au max du présent, peu importe ce qui arrivera aux autres qui nous suivront.

Mais je sais aussi que ces propos sont insupportables. Malraux disait que souvent le plus réel, c'est ce que nous ne voulons pas entendre, ce qui résiste à nos rationalisations. À cela s'ajoute le fait très contemporain de ce bombardement médiatique qui nous assomme avec le trop réel de tant de tragédies, de guerres et de violence.

Poser la question du *to be or not to be* de l'avenir de notre peuple nous paraît indécent et agressant. N'avons-nous pas tout ce qu'il faut pour foncer vers des jours meilleurs? Et on ne le fera pas sans des motivations positives. Les traitements de choc ne sont pas toujours bénéfiques. Je ne lance pas ici un cri désespéré. Ce qui contredirait ma posture fondamentale de foi et d'espérance. Je n'ai jamais oublié une conversation avec un sociologue juif qui connaît bien le Québec. Il me disait:

> Vous êtes un peuple qui historiquement a défié, par sa singularité entêtée, tout l'Amérique du Nord. À ce chapitre, je vous admire, mais vous faites aussi des choses insensées qui minent votre admirable dynamique historique. Je suis athée, mais il ne me viendrait pas une minute à l'esprit de ne pas initier mes enfants à la Bible, ni de rayer l'histoire religieuse de mon peuple qui a traversé l'histoire depuis plusieurs millénaires. Notre dynamique juive doit beaucoup à cette filiation. Vous, vous avez brisé plusieurs de vos filiations. Vous avez sombré dans le mythe mortifère du meurtre du père. Vous ne pouvez pas continuer sur cette erre sans compromettre gravement votre avenir. Le meurtre d'Abel par Caïn son frère est le symbole le plus juste de l'effet pervers de la négation de toute filiation historique. C'est le rituel le plus nihiliste après la disparition des rites qui nous inscrivent dans le temps et permettent une socialité dans laquelle tout le peuple peut se reconnaître.

Vous vous croyez plus libres, plus émancipés en bricolant chacun vos repères. Mais vous ne savez plus vous réunir rituellement. Vous m'objectez que vous vous êtes inventés de nouveaux rites collectifs. Moi, je les trouve très évanescents et ponctuels. C'est une conception bien pauvre et superficielle de ce qu'est la ritualité avec sa profondeur historique, culturelle, sociale, temporelle et religieuse. Les élites québécoises n'ont rien compris du message que Gaston Miron lançait quand il les a convoquées à l'église de Sainte-Agathe pour célébrer ses funérailles. Il avait, lui, le sens de la continuité historique. Tout ce qui tient lieu de fondement exige de la durabilité. Autrement, c'est un peu comme si vous confondiez la longue gestation des bouillons de culture à l'écume évanescente des vagues. Vous méritez plus que ce mirage. Il faut savoir assumer aussi bien ses nuits que ses jours, sinon on désapprend la beauté des étoiles à déchiffrer et on passe d'une noirceur à l'autre.

Cette belle et grande leçon m'a marqué. L'histoire nous apprend que les grandes épreuves ont été positives pour ceux qui en ont profité pour aller chercher en eux-mêmes des ressources plus profondes, des forces dont ils n'avaient pas soupçonné la présence, en attente pour rebondir en nouvel élan. Cela vaut aussi au plan collectif. Ce peut être notre pari dans les temps difficiles qui s'annoncent. C'est là où logent le spirituel, l'âme et la conscience. Jadis, les rédacteurs de *Cité libre* ont publié leur manifeste «pour une politique fonctionnelle», peu après le manifeste du *Refus global* d'un groupe d'artistes. De part et d'autres, on pensait inaugurer une modernité sur la ruine d'une histoire considérée défunte. Puis vient l'autre manifeste d'un Québec indépendant, laïque et socialiste, lui aussi en rupture totale avec le passé, et même avec la Révolution tranquille. Tous ces manifestes ne se reconnaissaient aucune filiation ou si peu. Cette tentation récurrente nous revient encore aujourd'hui dans une mouvance dite de droite. Il est temps plus que jamais d'en sortir. Elle a trop mystifié nos consciences.

On ne peut faire du neuf durable sans sa propre histoire. Les autres communautés culturelles, ici au Québec, ont des leçons à nous donner à ce chapitre. Une de mes étudiantes, vietnamienne, disait dans ma classe à l'université : «Vous deviendrez de plus en plus insipides à force d'effacer tout ce qu'il y a derrière vous. Comment alors vous suivre à la trace ? On ne sait plus trop à qui, à quoi s'intégrer. »

Je le redis, nous avons tout ce qu'il faut pour nous reprendre en main. Nous avons accompli des progrès inestimables. Mais nous avons aussi à mieux identifier ce qui les mine. Cette opération-vérité ne peut se faire si nous effaçons les chemins parcourus à mesure que nous avançons, si nous ne jouons que des cartes de court terme. Les discours électoraux actuels sur le changement risquent d'être des coquilles vides. Quand l'histoire disparaît du paysage, les horizons d'avenir se brouillent. On peut passer d'une Grande Noirceur à une autre. C'est arrivé dans l'histoire des peuples. Se croire immunisé pour toujours contre pareille éventualité tient de la pensée magique.

Ici comme ailleurs, nous sommes divisés politiquement, religieusement et de plusieurs autres façons, sans compter de profondes inégalités. Une des assises communes qui nous restent et une des logiques de vie les plus fortes, c'est l'avenir des générations qui nous suivent. L'enfant, chez la plupart des adultes, est source de dépassement. Il faudrait peut-être mieux inscrire cette dynamique dans nos choix collectifs, nos comportements politiques, nos responsabilités sociales. J'ai tenté de le faire dans ce court essai, en m'inspirant de mon expérience d'éducateur depuis cinquante ans. L'éducation et l'histoire ont en commun d'engager le long terme. On ne peut jamais y mettre les compteurs à zéro comme, hélas, nous l'avons fait trop souvent au court des dernières décennies.

Est-il un seul enjeu important qui n'implique pas le long terme ? Le sens se rétrécit comme une peau de chagrin quand on contracte le temps, quand on est collé sur soi, sur le présent le plus immédiat ; la politique aussi quand elle se joue avec des calculs électoraux ; et l'économie avec des appétits de profits rapides.

Mieux se resituer dans le temps est peut-être une des reconquêtes les plus importantes de notre époque. La longévité accrue nous enseignera-t-elle à apprécier davantage la beauté de ce qui a pris le temps de mûrir, et aussi sa fécondité ?

Forer à nouveaux frais nos richesses en humanité

Reste la requête fondamentale d'une judicieuse conscience historique et d'une culture démocratique capables de discerner entre ce qui mérite de continuer et ce qui appelle des ruptures, des dépassements ou des initiatives inédites. C'est que des idéologies manichéennes ne peuvent permettre, et encore moins des démarches puristes à sens unique. Tel le seul bon modèle souvent bâti sur une référence qui tient lieu de solution universelle pour tous les contextes et époques. Est-il une seule réalité humaine qui échappe à la pluralité de formes et de contenus de sens? Qu'il s'agisse d'histoire, de culture, de politique, de morale, de religion ou de philosophie, notre humanité est trop riche pour s'enfermer, s'épuiser dans un moule unique.

J'ai évoqué plus haut le sort des enfants comme un repère majeur de nos attitudes et comportements face à l'avenir. Mais je sais que c'est un test de vérité qui en requiert beaucoup d'autres. Depuis les débuts de l'humanisation, tout s'est conjugué au pluriel. Le mythe biblique critique de la Tour de Babel conteste toutes les tentatives d'unité sans diversité, de consensus sans conflits, d'identité sans altérité.

Une culture, par exemple, marque à la fois une singularité, une similitude partagée et une tendance à la totalité... mais une totalité qui ne peut épuiser l'humanité et sa riche diversité.

Je dirais la même chose de la politique, de la morale, de la religion et de la laïcité. Autant de domaines où il faut résister à la tentation mono-lithique et dogmatique, car c'est la façon la plus sûre de sombrer dans la violence, d'assassiner la liberté et de briser à sa racine la formidable dynamique de créativité chez l'être humain. Y compris sa mystérieuse aptitude à faire sens là où il n'y en a plus et à réenchanter la vie au-delà de tous les désenchantements, vicissitudes et contingences de notre finitude.

Transcender le destin, la fatalité, n'est-ce pas la fine et forte pointe du meilleur des civilisations et des grandes traditions spirituelles de l'histoire?

Que si peu d'êtres humains se soient suicidés au cours de la longue suite d'épreuves historiques, voilà qui témoigne d'une merveilleuse résilience de nos âmes et consciences. Cette force intérieure conteste le nihilisme sous toutes ses formes, d'hier et d'aujourd'hui.

Il est important de garder vive la mémoire des étonnants rebondissements de l'aventure humaine, pour affronter, chez nous comme ailleurs, les défis du présent et de l'avenir. On ne va pas très loin quand on perd de vue cette foi espérance qui ne cesse d'ouvrir de nouveaux horizons de sens. Avoir, savoir et pouvoir ne suffisent pas. Nous en savons quelque chose dans notre civilisation qui est peut-être la plus prestigieuse de l'histoire. Comme disait Malraux, plus que jamais il faut résister à ce qui ravale aux raisons les plus basses: nos conduites de la vie, nos échanges et rapports humains, nos politiques, nos objectifs et espoirs. L'éducation sera toujours un chemin privilégié pour découvrir en nous des richesses insoupçonnées en attente de fécondation. Dans la démarche actuelle de nouveaux choix collectifs, saurons-nous discerner où se logent les plus importantes priorités, surtout celles qui ont une portée à long terme? Celles-ci ne vont jamais de soi, tellement les calculs immédiats prennent si souvent toute la place.

POSTFACE

Je venais de remettre mon manuscrit lorsque j'ai lu dans le journal *Le Devoir* (18 déc. 2002) un texte de Jocelyn Létourneau qui illustrait fort bien l'hypothèse que j'ai formulée dans cet ouvrage. Qu'on me permette d'en citer quelques extraits:

> L'avancement des choses est souvent conçu, au Québec, sur le mode de rupture radicale avec un état antérieur. Pour progresser et être à nouveau de l'autre et du monde, il faut recommencer, encore et encore, quitte, chaque fois, à jeter le bébé avec l'eau du bain. Pour progresser, il faut surtout se nier, vitement jeter à la poubelle de l'histoire nos particularités encombrantes, celles-ci risquant en effet de nous déprécier face à l'autre, cet autre qui est aussi ce nous-mêmes que nous voulons devenir, et qui nous regarde apparemment, depuis sa position avancée comme une espèce de boulet à traîner...

Pour progresser, au Québec, il faut être en avant du courant, à l'avant-garde de tout, partout et en tout. «Au boutte, toute.» Telle est la devise galvanisant l'action de bien des discoureurs pour orienter le devenir de la société québécoise [...]

Le véritable complexe de colonisé, pourtant tellement décrié chez nous, est peut-être de se nier dans son soi pour se faire comme un autre, de se démettre de ses héritages et de ses particularités, pour s'illusionner d'une altérité et d'une «ailleurité» nécessairement et complètement libératrices, de raser sa maison au sol plutôt que de la décorer avec des cadeaux reçus des invités pour la rendre plus conviviale.

Il ne saurait y avoir, pour la société québécoise, de passage fécond vers l'avenir sur la base du reniement du passé, d'une culture et d'un projet sociétal particulier se rattachant à une histoire...

Il y a une dizaine d'années, Létourneau avait tenu des propos semblables qui mettaient en cause la prétention de ceux qui avaient cru créer un Québec et un être Québécois nouveaux complètement dépouillés, libérés, débarrassés de tout son passé religieux et symbolique. Comme aujourd'hui j'entends des laïcistes qui voudraient faire disparaître toute référence publique au catholicisme. On l'a vu récemment, à propos de la dernière fête chrétienne qui nous reste, celle de Noël... Et oui, pour n'offusquer personne sauf les chrétiens, bien sûr. Comme la Commission des droits de la personne qui s'intéresse à toutes les discriminations religieuses, sauf celles qui concernent les injures à la foi chrétienne. Un jour, il a été question d'inviter Fernand Dumont comme conférencier dans cette vénérable institution. Quelques membres ont réussi à bloquer pareille invitation avec cet argument incroyable : « Dumont ne peut être objectif, c'est un catholique » ! Les fanatiques ne sont pas tous du même bord, n'est-ce pas ?

Ce monde commun que la démocratie doit se donner se ramène-t-il à une évacuation de toute différence, sinon à une sélection de particularités qui laisse en plan ceux qui tiennent à s'identifier comme chrétiens ? Un peu comme hier les partisans du refus global qui, avec une inconscience navrante, ne se sont pas rendu compte qu'ils traitaient, implicitement ou autrement la majorité de leurs ancêtres comme une bande d'aliénés.

Encore ici, j'entends des discours sur la crise actuelle de la transmission qui ignore l'histoire récente qui a effacé une grande part de notre mémoire collective. Comment s'en étonner quand on a réduit nos trois siècles d'histoire à une Grande Noirceur, quel jeune d'aujourd'hui peut y trouver le moindre intérêt? Ce qui me révulse le plus, c'est le refus de la moindre interrogation à ce chapitre. Et surtout cet autre refus d'évaluer les prolongements de cette attitude de base dans bien d'autres domaines.

Comme d'autres chrétiens d'ici, je suis outré par le mépris quasi quotidien, médiatiquement amplifié, de ce qui m'est le plus cher dans ma vie. On peut se permettre impunément n'importe quelle injure à cette catégorie de Québécois. «Y'a rien là.» Ici, il n'y a pas de distinction entre le privé et le public. Même pas chez celui ou celle qui est en train de causer avec vous. Il est difficile de trouver un état d'esprit aussi tordu et une telle absence de civilité et de politesse chez des gens qui se disent civilisés. Faudra-t-il évoquer les chrétiens Michel-Ange, Mozart ou Beethoven pour rappeler que nous sommes nous aussi des civilisés? Ou reconnaître chez nos grands-parents pieux une quelconque noblesse de cœur et d'esprit? Il y a là aussi une autre opération-vérité à faire. Qui sait, elle nous aidera peut-être à en débusquer beaucoup d'autres semblables que nous n'osons affronter ou même avouer.

Je termine en saluant les propos d'un jeune intellectuel québécois, Marco Veilleux, membre du réseau Culture et Foi.

> Ni réactionnaire, ni néo-conservatrice, la volonté de certains de ma génération de renouer avec les sources historiques d'une désormais fragile transcendance se fait résolument à partir d'un point de vue séculier et démocratique, point de vue assumant le pluralisme social comme une donnée quotidienne, et marqué de façon irréversible par les idéaux libéraux de la modernité. [Nous voulons] refaire l'inventaire critique de notre héritage religieux afin de retrouver, dans ce trésor, du neuf et de l'ancien... Il y a là une éthique du rapport au passé que vous avez refusée... Les deux pieds dans le chantier culturel du Québec qui est désormais le nôtre, nous voyons se dresser, devant nous, le défi colossal de construire le futur sur d'autres bases que cette mémoire saccagée et mortifère qui vous tient lieu de testament[1].

Cela dit, je sais trop bien les limites de ma parole singulière pour croire à l'exhaustivité de mon questionnement. Et encore moins à celle de nouveaux chantiers communs que je souhaite avec d'autres.

---

1. Marco VEILLEUX, *Textes critiques*, Montréal, Réseau Foi et Culture, novembre 2001, p. 3.

«Des passants crièrent un jour à un pauvre cavalier emporté par un cheval emballé: «Où vas-tu?» Il répondit: «Je ne sais pas, demandez au cheval!» Et je pense aussi à ce vieux proverbe: nul vent ne souffle sur un navire sans gouvernail ni direction. On ne peut reconnaître la profondeur, la complexité de nos problèmes et défis contemporains puis s'en remettre à des recettes et à des sondages d'opinion. Et je m'étonnerai toujours devant des esprits instruits qui ramènent les questions de sens à des vœux pieux ou à des «abstractions inutiles»... même les recours à l'expérience historique qui nous a précédés. Ce petit manifeste veut marquer l'aveuglement de cette esquive et ses effets pervers confondants et paralysants.

Table des matières